A SURPRESA
NA MOCHILA AMARELA

ROSA VIEIRA- MCGUIRE

Direitos autorais© por Rosa Vieira McGuire

Todos os direitos reservados. Nenhuma parte deste livro será reproduzido de qualquer maneira sem a autorização escrita.

Obrigada por comprar a edição deste livro obedecendo as leis autorais de não reproduzir, escanear ou distribuir nenhuma parte sem permissão. Fazendo isso você estará ajudando o trabalho árduo dos autores.

978-1-7781464-5-9 (brochura)

Eu dedico esse livro para meus filhos - Bruno, James, e Mateus - que fazem a minha vida ficar mais iluminada todos os dias. Para meu esposo Paul, que sempre me ajuda em todos os momentos. Para meus sogros Joe e Joyce McGuire. E para todas as crianças que vivenciam mudanças em suas vidas.

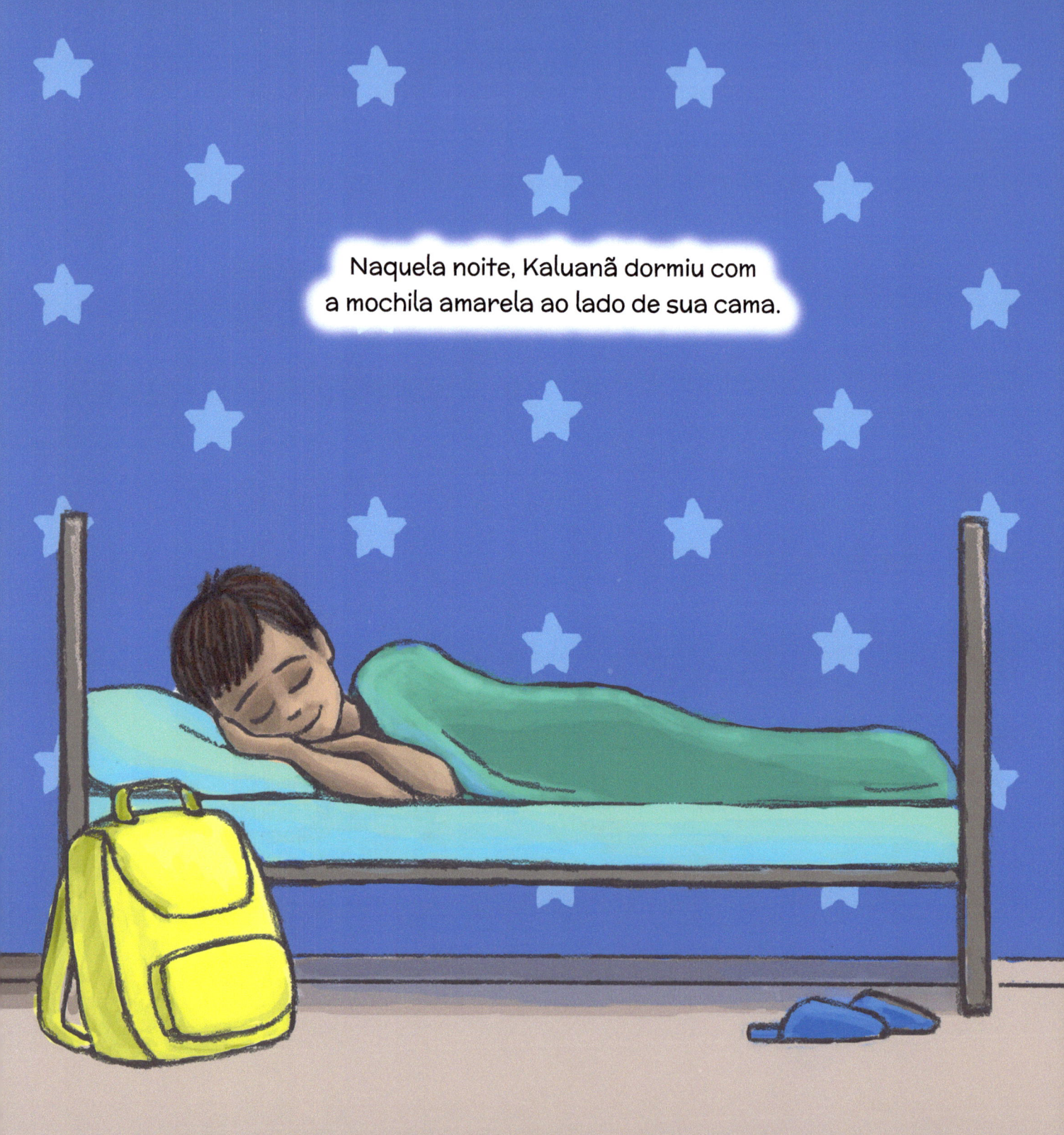

Mas quando Kaluanã abriu sua mochila, ele encontrou uma surpresa! Ele tirou de lá um álbum de fotografias com sua foto bem na frente. Logo viu que lá estavam fotos do Amazonas.

A professora sorriu e disse: – Por que você não compartilha suas fotos com toda a turma?

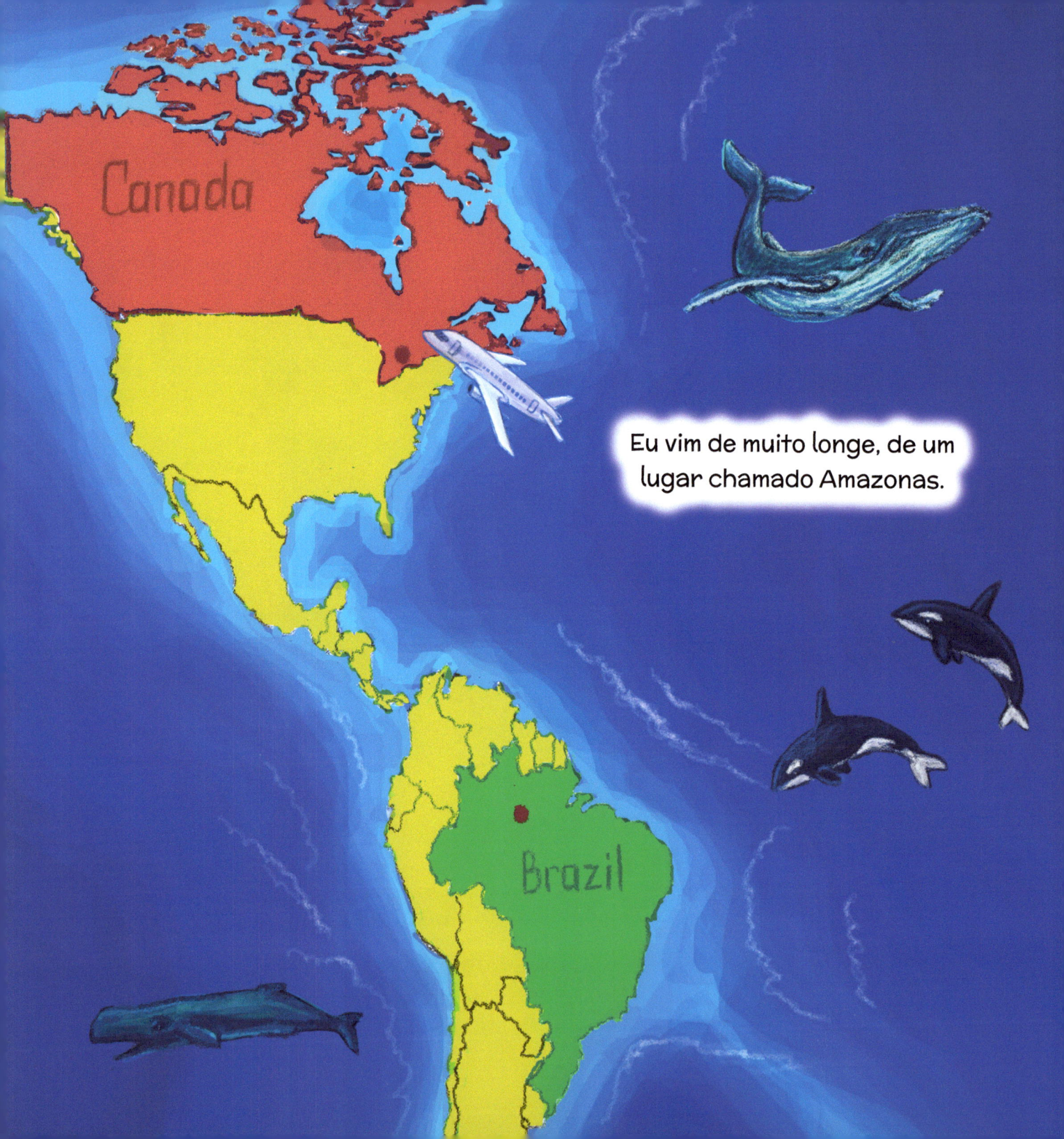

Eu também tinha um papagaio chamado Louro. Ele amava imitar o que as pessoas falavam. Ele falava: - Olá!

Suas penas eram verdes como a floresta. Às vezes, eu não conseguia vê-lo. Ele parecia uma folha nos galhos de árvore!

Se eu ficasse bem quieto, eu talvez poderia ver os macacos. Os macacos gostavam de pular de árvore em árvore.

Às vezes, tínhamos uma visita especial do tatu. Ele amava fazer buracos na horta da minha mãe. Ela não gostava nem um pouco!

No dia seguinte, seus colegas trouxeram seus álbuns de fotografias. E Kaluanã? Ele trouxe mais fotos para compartilhar com seus novos amiguinhos canadenses.

Rosa é uma mãe orgulhosa de três meninos. Ela nasceu na floresta Amazônica no Brasil e mais tarde mudou para o Canadá. Sua infância foi no meio da natureza, o que traz motivação para escrever. Como educadora infantil, ela entende que pode ser apavorante começar tudo de novo em um lugar desconhecido.

www.ingramcontent.com/pod-product-compliance
Lightning Source LLC
Chambersburg PA
CBHW040024130526
44590CB00036B/82